AF338927

RÉPONSE

A L'ARTICLE PUBLIÉ PAR M. GALOS,

EX-DIRECTEUR DES COLONIES,

SUR L'ÉMANCIPATION,

Dans le n° du 1ᵉʳ Septembre de la *Revue des Deux-Mondes.*

PAR

MM. F. SERVIENT ET MELVIL-BLONCOURT.

l.K r47

Paris.—Imprimerie Bonaventure et Ducessois, 55, quai des Grands-Augustins.

I

Avant la Révolution de Février, les ruses, les fins de non-
recevoir de l'ancien gouvernement, les fausses positions de
ses ministres dans l'une et l'autre Chambre, toutes les fois
qu'il s'agissait de l'abolition de l'esclavage, prouvaient uni-
quement à ceux qui observaient ce déplorable spectacle que
la monarchie constitutionnelle ne pouvait se résoudre à sa-
crifier à un principe les intérêts des colons. Aujourd'hui on
est contraint, après avoir lu, dans la *Revue des Deux-Mondes*
du 1ᵉʳ septembre, l'article publié par le citoyen Galos, ancien
directeur des colonies sous Louis-Philippe, de joindre au
reproche de mauvais vouloir qu'on adressait au pouvoir
déchu celui d'incapacité radicale.

L'auteur, après avoir prouvé durant six ans son impuis-
sance dans les affaires coloniales, ne la croit pas encore
suffisamment démontrée, et il pense qu'il est utile de porter
à la connaissance de la République les mesures à l'aide
desquelles la monarchie qu'il servait comptait rendre la
liberté aux esclaves dans dix ou douze ans au plus tôt.

Vraiment, après un tel aveu, on éprouve la quiétude
qu'inspire un danger passé, et on reste étonné de l'endur-
cissement que le gouvernement de Juillet opposait au géné-
reux dévouement des abolitionistes. Grâce soit donc rendue
à la Révolution de Février, dont le triomphe nous a débarrassés de cette plaie que la France cachait honteusement
dans les flots de l'Atlantique, puisque le citoyen Galos nous
avoue qu'il ne comptait nous affranchir de l'esclavage que
vers l'an de grâce 1860.

Dans cette élucubration de l'ex-directeur des colonies, mélange de regrets et de non-science, on ne sait, en vérité, ce qui doit le plus affliger, de son amour pour le passé ou de l'exiguité de son bagage économique. Toutefois on reste surpris, quelles que fussent les préventions qu'on nourrissait contre l'ordre de choses écroulé, que le pouvoir eût confié des intérêts si considérables à des hommes si légers d'idée et de science ; et on comprend cette déplorable décadence du commerce et de l'industrie qu'éprouvaient nos colonies, maintenant qu'on peut mesurer, dans tout le lustre de leur faiblesse, ces colosses qui présidaient à leurs destinées.

L'auteur de l'article s'est proposé un double but : récriminer beaucoup contre les mesures qu'a cru devoir prendre, à l'égard de nos possessions coloniales, cette République, qui l'a détrôné du ministère de la marine; et lui administrer ensuite quelques conseils, lui signaler quelques moyens efficaces de rétablir cet esclavage si intempestivement aboli, aux grands regrets de tous les armateurs des ports de mer.

Aussi débute-t-il en faisant le procès au suffrage universel dont le Gouvernement provisoire a gratifié les anciens esclaves. Les nègres sont électeurs! quelle monstruosité! Vous en faites donc complétement des citoyens? Pourquoi pas? citoyen Galos. On est entièrement libre ou on ne l'est pas du tout; il ne saurait y avoir ni degré ni catégorie. Oui, la République a compris qu'il fallait l'égalité parmi les Français, quelle que fût la date de leur affranchissement : qu'il remontât aux communes, ou qu'il fût l'œuvre du 24 Février, sous peine de mentir à son dogme, à son but, à elle-même.

Que doit être, en effet, la République, si ce n'est le règne de la justice et de la reconnaissance de tous les droits imprescriptibles et inaliénables de l'homme? Que doit-elle faire, si ce n'est rétablir au plus tôt l'équilibre naturel détruit et méconnu jusqu'ici par d'égoïstes intérêts, rendre au captif la liberté et l'intégralité de ses droits? Elle est donc tout à-la-fois le juge qui prononce et le bras qui exécute. Or, vous eussiez voulu qu'après avoir proclamé l'arrêt, par le seul fait de sa venue, la République en eût différé l'application, parce que vous ne pouvez comprendre la justice radicale, que vous ne pouvez vous résoudre à voir spontanément grandir à votre niveau les malheureux dont on avait confisqué l'intelligence et la liberté. Avouez-le, citoyen Galos, c'est votre orgueil qui est blessé, c'est l'égalité qui vous déplaît, c'est à la République elle-même que vous en voulez.

Notre auteur, après avoir épuisé contre le droit électoral accordé aux nègres tous ces *irréfutables* arguments à l'aide desquels le gouvernement de Juillet le refusait aux prolétaires de France, après avoir déploré l'influence politique que le suffrage universel fait passer aux mains du plus grand nombre, s'adresse à l'amour-propre des anciens déshérités de la métropole, et s'efforce ainsi de les mettre de son côté.

« Ce peut être pour les noirs, nouvellement arrivés à la
« liberté, un motif d'orgueil ; mais les citoyens Français du
« continent, qui ont longtemps combattu le despotisme, et
« se sont distingués entre toutes les nations par leurs mœurs
« policées, par leurs lumières, par leur sociabilité, avant
« d'atteindre à ce complément de la vie politique, doivent
« être un peu surpris que les mêmes avantages coûtent si
« peu à leurs concitoyens d'outre-mer. »

Le citoyen Galos n'a point oublié, il paraît, que pour régner il faut diviser, que pour asservir le peuple il faut le partager en groupes de frères ennemis. Le procédé n'est point nouveau, mais il prouve du moins que l'ex-directeur des colonies conserve pieusement les principes de la monarchie. Toutefois, nous regrettons, pour l'édification publique, qu'il n'ait pas fait une application plus large de sa pensée ; car elle est plus féconde qu'elle ne lui a semblé. Pourquoi, en effet, dans le but de ménager la juste susceptibilité des communes affranchies depuis Louis-le-Gros, ne point enlever le suffrage universel aux paysans du Jura, serfs encore sous Louis XV ?...... Qu'en dit le citoyen Galos ? Il ne connaissait pas toute la valeur de son trésor. Restreignant modestement sa puissante argumentation, il ne la faisait servir qu'à briser aux mains des noirs l'arme de l'élection, tandis qu'en l'étendant quelque peu, il aurait pu, dans la métropole elle-même, atteindre un grand nombre des nouveaux électeurs.

Mais là ne s'arrêtent point ses attaques contre le principe de l'élection : les conseils de prud'hommes annexés aux tribunaux de paix par un decret du mois d'avril, et formés chacun de trois travailleurs et de trois propriétaires désignés par un tirage au sort ayant pour base les listes électorales, provoquent encore sa critique. La composition de ce jury a, selon lui, le tort immense de laisser la majorité aux nègres et aux mulâtres, et il ne croit point que ceux-ci puissent être pour les blancs des jurés impartiaux. Ici la passion est évidente, nous nous dispenserons de répondre. L'auteur n'accorde rien à ses adversaires, pas même la loyauté ; abstenons-nous donc de qualifier ce procédé.

Mais nous nous permettrons de demander au citoyen Galos la date de son zèle pour la justice et la défense des intérêts des faibles. Qu'en faisait-il donc, quand il trônait à la direction des colonies ? Il n'ignorait point pourtant que cette position dans laquelle il prétend que se trouvent aujourd'hui les blancs était alors celle qui était faite à toute la population de couleur. Les colons siégeaient dans tous les tribunaux, dans toutes les cours, dans tous les jurys ; partout ils tenaient la balance de Thémis, et l'administration de la marine savait fort bien de quel côté ils la faisaient pencher. Pourtant jamais, que nous ayons su, l'ex-directeur n'a ressenti cette sainte colère qui l'anime aujourd'hui ; jamais il n'a pensé à faire cesser un tel état de choses, tout était alors pour le mieux dans le meilleur des mondes possibles. Ce n'est donc point l'égalité blessée, le sacrifice du faible au fort qui excitent sa mauvaise humeur ; c'est simplement le déplacement du pouvoir qui a échappé à cette minorité qui possède si exclusivement ses sympathies. Calmez-vous donc, tribun rigide et désintéressé, Gracchus de l'opprimé, ces tardives allures démocratiques cachent mal votre aristocratique orgueil.

Nous ne sommes pour notre compte partisans d'aucune oppression, nous ne voudrions pas plus celle des noirs et des mulâtres que nous n'acceptions celle des blancs ; nos cœurs sont trop débarrassés de haine pour nous complaire à la loi du talion. Donc ce ne sont point ces motifs qui nous font défendre des jurys où les blancs sont en minorité ; mais c'est le principe de l'égalité lui-même. Tout jury, toute assemblée délibérante doit toujours calquer les proportions de sa composition sur celles de la population : or, comme aux colonies les nègres et les mulâtres sont de beaucoup les plus nombreux, il doit aussi s'en trouver un plus grand nombre dans ces conseils de prud'hommes. Voilà la vérité que n'a point voulu reconnaître le collaborateur de *la Revue des Deux-Mondes*.

Après s'être ainsi attaqué au dogme de la République, l'auteur de l'article déplore les tristes fruits de l'arbre qu'il s'est efforcé d'abattre : les places sont envahies par les nègres et les mulâtres ; partout ils l'emportent ; les blancs, hélas ! ont perdu toute leur influence. Ici, il y a d'abord erreur, et nous regrettons que l'ex-directeur des colonies, qui, par ses relations, doit être exactement renseigné sur ce qui s'y passe, se soit fait l'écho des faux bruits que colportent les journaux depuis quelque temps. Les mulâtres, en effet, n'occupent point aux Antilles, ainsi qu'on ne cesse de le répéter, toutes les positions administratives : à la Martinique, un fort petit nombre a remplacé des blancs dans les municipalités et dans quelques fonctions du gouvernement; mais à la Guadeloupe presque aucun changement n'a eu lieu, un seul emploi de création nouvelle est rempli par un mulâtre. Ainsi, à l'heure qu'il est, le plus grand nombre des fonctions publiques reste donc toujours confié à des blancs, et tous ces reproches d'envabissement adressés à la classe de couleur sont dénués de fondement.

Quant à l'influence que les blancs ont perdue dans le pays et que peut exercer actuellement la race africaine, nous ne chercherons pas à contredire l'auteur de l'article; c'est là une conséquence logique du dogme républicain, la majorité doit prédominer.

Nous eussions même été étonnés qu'après la proclamation de la République et du suffrage universel, les nouveaux citoyens eussent continué à subir le joug moral de ceux qui les avaient si longtemps courbés sous le fouet. Ainsi, loin de mêler nos larmes à celles du citoyen Galos, nous nous félicitons de ce résultat, qui est pour nous une preuve que les affranchis avaient su, durant leur long esclavage, conserver des germes de dignité, qui se sont développés aux premiers rayons de la liberté. Loin de croire avec lui qu'ils manquent d'intelligence en se soustrayant à l'influence de leurs anciens maîtres, nous pensons qu'ils montrent ainsi une grande perpicacité et qu'ils ne sauraient être trop prudents :

Timeo Danaos et dona ferentes;

car, s'il se trouve aux colonies des blancs qui, par le cœur et l'intelligence, sont amis du progrès et de la liberté, il en est un plus grand nombre que la civilisation n'a pu convertir et qui mourront dans l'impénitence finale de leur paganisme. Or il n'est point facile de séparer l'ivraie du bon grain.

II

Il nous reste encore à justifier le reproche, qu'en commen-
çant nous adressions à la monarchie, d'avoir abandonné les
colonies à des hommes sans idée, sans science économique.
Pour remplir cette tâche, il nous suffira d'analyser rapide-
ment les mesures que préconise, après la révolution de Février, celui qui durant cinq ans disposa en toute souverai-
neté de ces malheureuses contrées.

Sous l'ancien régime, quand les abolitionistes pressaient
trop ardemment le pouvoir, celui-ci, pour les apaiser, nom-
mait une commission, qui codifiait quelques mesures à l'aide
desquelles on eut pu, sans crainte, distiller bien lentement
la liberté aux parias des Antilles. Puis, l'émotion passée, le
rideau se baissait, et le travail de nos législateurs revenait de
droit aux cartons du ministère. C'est de cet arsenal que
l'auteur de l'article, guidé sans doute par l'instinct paternel,
exhume l'organisation coloniale qu'il propose à la Répub̀li-
que sous forme d'amendement au décret qui abolit l'esclavage.

Selon lui, il eut fallu, pour maintenir le travail, accorder
aux maîtres, durant dix années, la jouissance gratuite des
labeurs de leurs nègres; et cela, apparemment, pour déve-
lopper chez ceux-ci le goût du travail salarié. Pour notre
économiste il n'est point, il paraît, de stimulant plus efficace
pour l'ouvrier que la certitude de ne tirer aucun profit de
ses œuvres, et si l'on ne peut contraindre des hommes à
travailler en leur promettant une juste rétribution, on est
bien sûr de les y décider en leur assurant qu'il n'ont rien à
y gagner.

Nous ne chercherons pas à combattre l'efficacité de cette mesure. Nous nous contenterons de faire observer au citoyen Galos qu'on ne saurait séparer le travail du travailleur, que ce sont les deux termes d'une synthèse indécomposable, et qu'en laissant au maître la propriété du travail du nègre, il lui laisse, sans s'en douter, la propriété du nègre lui-même. Il ne détruit donc pas l'esclavage, il le transforme tout au plus.

Maintenant, si nous voulons connaître l'amélioration qui naîtrait de cette importante réforme, laissons à l'auteur de l'article le soin de compléter lui-même sa pensée :

« Des modifications sont nécessaires au contrat de louage,
« car nous ne pouvons admettre qu'on règle les relations du
« maître et de l'ouvrier par les dispositions du Code civil.
« Des règlements particuliers doivent intervenir, si l'on veut
« que le travail de la terre ne soit pas abandonné. Il faut que
« ces règlements distinguent entre l'engagement contracté
« pour un service urbain et celui qu'on forme pour la cul-
« ture des habitations. Ce dernier exige plus de stabilité,
« plus de certitude, par conséquent des circonstances nette-
« ment définies pour la rescision du droit de la convention,
« et, en cas d'inobservation, des pénalités plus fortes. La
« culture de la canne réclame, on le sait, des soins constants ;
« le moindre retard dans la plantation, le sarclage ou la
« coupe, peut compromettre le revenu entier d'une pro-
« priété. La garantie du planteur qui a voulu s'assurer des
« bras, soit pour cultiver son champ, soit pour rentrer ses
« récoltes ou fabriquer ses cannes, ne peut se rencontrer
« dans un dédommagement en argent que l'on condamne-
« rait vainement ses ouvriers à lui fournir. *Il est indispensa-*
« *ble de déterminer une série de peines corporelles, qui seront,*
« *pour le colon, le gage d'une exécution sincère des contrats*
« *passés avec lui.* »

On voit qu'il ne peut se décider à reconnaître des citoyens

dans les nouveaux affranchis. Il lui faut toujours la loi d'exception, une législation avec le fouet; sa tendresse pour le Code noir est invincible. Que le citoyen Galos prenne garde pourtant; le principe de l'égalité étant désormais définitivement conquis, on ne saurait, dans des contrats civils, refuser à l'une des parties une garantie qui serait accordée à l'autre : le noble ne pourrait être puni de l'amende, et le manant du bâton; de sorte qu'en faisant accepter son idée, il sévirait, à son insu, contre ceux mêmes qu'il veut protéger, et, pour ne pas émanciper les nègres, il asservirait les blancs.

Si maintenant nous rapprochons les deux mesures que nous venons de critiquer isolément, il ne nous semble point douteux qu'elles ne soient la consolidation de l'esclavage, qu'elles sont destinées à abolir. En effet, elles accordent aux colons la propriété du travail des noirs, et, pour garantir l'exécution des engagements contractés par ceux-ci, elles établissent contre eux des peines corporelles. Or, si nous ne nous trompons pas, ce sont là justement les caractères essentiels de la servitude; et, à l'apparition d'une pareille liberté, les plus fervents adorateurs de l'esclavage, reconnaissant leur vieil idole rajeuni, ne pourraient s'empêcher de crier : Vive la Liberté! Il résulte donc que notre économiste n'a trouvé ni plus, ni moins, que l'ingénieux expédient d'émanciper les esclaves sans les rendre libres.

Après ce début, l'auteur de l'article entre plus avant dans le régime de l'inégalité : une législation qu'on peut à son gré plier aux intérêts qu'il veut servir forme pour lui l'antidote suprême de la crise que subissent actuellement nos possessions d'outre-mer. Est-il utile, par exemple, d'éloigner des villes les nouveaux affranchis, de les conserver à l'agriculture? Il ne trouve rien de plus efficace que d'établir des droits de patente exorbitants sur tous ceux qui se livreraient à une industrie urbaine. Cependant, en examinant plus attentivement la question, il reconnait lui-même qu'on frapperait ainsi ceux qui depuis longtemps exercent dans les villes d'utiles professions, et qui y trouvent leurs seuls moyens d'existence. Que fait-il alors pour éviter cette grande iniquité? Il tranche le nœud qu'il ne peut dénouer : il propose de distinguer les ouvriers de la veille de ceux du lendemain; d'imposer fortement ceux-ci, en exemptant de toute taxe ceux de vieille date. Certes, on ne saurait contester à cette solution le mérite de la simplicité. Quoi de plus naturel, en effet, que de frapper ceux qu'on veut atteindre, et de faire grâce à ceux qu'on veut ménager? Un législateur qui se serait trouvé en face de cette difficulté, si habilement vaincue par l'ex-directeur des colonies, eut probablement été arrêté par l'idée du juste, par le principe de l'égalité; il n'aurait pu se résoudre à régir des hommes égaux par des lois différentes; il aurait craint de troubler la tranquillité du pays en plaçant dans la même cité, dans les mêmes ateliers, des protégés et des victimes; mais l'heureux auteur de l'article échappe à tous ces tiraillements, et les lois sortent spontanément de son cerveau, armées de pied en cap.

On suppose peut-être que le citoyen Galos, qui comprend si justement combien il est utile de conserver à l'agriculture les nouveaux affranchis, ne néglige aucun moyen de les retenir dans les campagnes; il n'en est rien pourtant. Il demande que la législation soit répressive, mais il lui importe peu qu'elle prévienne la faute qu'il voudrait punir. Aussi, après avoir, dans l'intérêt des travaux agricoles, défendu aux nègres le séjour des villes par d'énormes droits de patente, propose-t-il, pour éviter le morcellement des cultures, qu'on leur rende impossible l'accès de la propriété; c'est-à-dire qu'on brise chez eux l'espérance qui peut le plus sûrement les attacher aux champs qu'ils cultivent L'auteur de l'article invite donc la République à mettre aux terres incultes qu'elle possède dans les colonies un prix si élevé, que les travailleurs ne puissent les acquérir. Voilà donc notre économiste qui veut instituer, pour les nouveaux citoyens, une société dans laquelle la propriété ne saurait exister; le voilà désertant la bannière de Malthus pour passer au camp ennemi. Les sources où il puise lui importent peu, il reçoit de toutes mains; et, pourvu que l'édifice qu'il élève soit le temple de l'esclavage, il ne se soucie point des autels sur lesquels il sacrifie. Quelle unité de doctrine ! quelle logique !

Enfin, pour n'avoir rien à redouter de l'*excés de liberté* que laisserait aux nouveaux affranchis le système que nous venons d'exposer, son auteur, toujours préoccupé des conditions auxquelles, avant Février, il avait arbitrairement assujetti l'abolition de l'esclavage, essaie de substituer à la dépendance de l'homme à l'homme celle de l'homme à la terre. Les nègres, pour lui, ne sauraient être dans la légalité, s'ils ne relèvent d'une grande culture. Il lui importe peu qu'ils possèdent ou non des moyens légitimes d'existence, qu'ils aient ou non un asile assuré; s'ils ne justifient leur servage à la glèbe, il veut que la loi les refoule dans la grande géhenne des vagabonds. Tout ce qui s'oppose à cette idée l'irrite; tout ce qui en élude l'application est pour lui un sujet de plaintes : la belle nature des Antilles, sa luxuriante végétation dont la riche prodigalité n'exige souvent aucun travail de l'homme qu'elle nourrit, ce ciel bleu, sous lequel le toit le plus rustique offre un abri suffisant, tous ces dons providentiels désolent le citoyen Galos. Hélas ! dit-il, l'homme vit trop facilement dans cette heureuse contrée; il se suffit trop à lui-même pour ne point échapper au joug qu'on voudrait lui imposer : comment dans cet Éden surprendre le nègre en vagabondage ! Dans la métropole, le code pénal a pour complice la rigueur du climat, et il reste ainsi maître du prolétaire; mais aux colonies, livré à ses simples forces, abandonné de son allié, protégeant cette fois le travailleur, il n'offrira qu'un frein impuissant, et le nègre restera libre. Alors, il s'adresse à la République et la conjure de corriger cette imprudente bienveillance de la nature par une législation, particulière à ses possessions coloniales, qui atteigne sûrement les nègres qui se montreraient rebelles à cette féodalité.

Quoi qu'il en soit, reconnaissons pourtant que le citoyen Galos, en préconisant l'asservissement des nouveaux affranchis à la glèbe, fait un acte de rare modération dont nous devons lui tenir compte. Il trouve, en effet, que le Gouvernement provisoire a commis une grave faute en émancipant les esclaves; il déplore amèrement cette promptitude révolutionnaire, lui, qui ne comptait point arriver à cette triste nécessité avant une dizaine d'années. Eh bien! le mal accompli, il sait se résigner, et il sera presque consolé si on veut parquer les nègres dans les grandes cultures; il ne pleurera plus l'esclavage si on lui accorde le servage; chassé du paganisme, il ne demande qu'à se réfugier dans le moyen-âge. O généreuse résignation! comment pourrais-tu ne pas nous satisfaire?...

L'ex-directeur des colonies complète son travail en proposant une modification aux tarifs des droits qui pèsent aujourd'hui sur les sucres. On sait que, d'après la dernière loi, qui eut la béate prétention de mettre un terme aux longues hostilités qui divisent les colons et les fabricants de la métropole, les sucres indigènes et ceux de nos possessions d'outre-mer paient au fisc les mêmes impôts, et ne sont protégés contre l'industrie étrangère que par une faible surtaxe. Il est inutile de dire que cette anodine législation n'a point conjuré les désastres qui menaçaient nos colonies. Sous l'influence de la double concurrence de la France et de l'Étranger, elles ont été, chaque jour, la proie d'une misère qui ne tardera pas à les dévorer. Cette ruine devient imminente, aujourd'hui surtout que l'abolition de l'esclavage élève le prix de revient du sucre de tout le salaire accordé aux nouveaux citoyens, et fait ainsi pencher la balance du côté des pays où règne encore l'exploitation de l'homme par l'homme, où la misère du travailleur permet de produire à bon marché.

Ainsi, les perturbations apportées par l'émancipation dans l'économie coloniale ont créé de nouveaux avantages aux sucres étrangers fabriqués encore par des esclaves. C'est donc principalement en surtaxant ceux-ci qu'on peut rétablir l'équilibre détruit. Le citoyen Galos arrive pourtant, par sa puissante logique, à une conclusion directement contraire : il propose d'abaisser le droit différentiel qui défend nos productions contre l'industrie étrangère. *Similia similibus curantur*, telle est, il paraît, la formule de cette nouvelle école économique que nous signalons à l'Académie des sciences morales et politiques.

Cependant, comme il faut nécessairement un patient, il choisit pour bouc émissaire de son système l'industrie indigène, et n'hésite point à demander qu'on augmente de quinze à vingt francs par 100 k. l'impôt auquel elle est déjà soumise. Ainsi, malgré l'expérience du passé, il ne trouve d'autre remède au mal qui ronge les malheureuses colonies que de perpétuer la lutte inégale des sucres de cannes et de betteraves ; il veut ramener encore nos compatriotes d'outre-mer dans cette arène déjà si féconde pour eux en défaites, et où depuis douze ans ils usent si inutilement leur énergie et leurs espérances.

Il serait vraiment difficile d'expliquer cette étrange théorie de l'impôt, si exclusivement protectrice de l'étranger, au préjudice des intérêts nationaux, et l'analyse la plus scrupuleuse serait impuissante à en signaler la raison, si on ne savait que notre économiste, ancien négociant de Bordeaux, doit appartenir à cette école des armateurs de ports de mer qui croient que toute la prospérité nationale consiste à procurer du fret à leurs vaisseaux.

Nous bornerons ici notre examen.

Maintenant qu'il nous soit permis, dans l'intérêt même des

colonies dont la prospérité nous est chère, d'adresser à leurs défenseurs maladroits, sinon un conseil, du moins une prière. Nous leur dirons : Abstenez-vous de faire éclater vos stériles regrets sur le passé à jamais écroulé des colonies ; ne compromettez plus leur avenir par l'émission de vos vœux liberticides ; cessez d'y perpétuer la haine par vos violentes critiques, souvent pleines de mensonges et de calomnies ; craignez qu'en se répétant elles n'aboutissent à provoquer le désordre au sein de cette société déjà trop divisée. Plutôt que de continuer vos imprudentes attaques, si vous êtes vraiment les amis des colons, acceptez franchement, résolument, le progrès ; entrez avez nous dans sa voie, et, unis de cœur et d'esprit, travaillons au bonheur de nos possessions d'Outre-Mer, et à leur régénération pacifique dans l'ordre moral comme dans l'ordre économique.

www.ingramcontent.com/pod-product-compliance
Lightning Source LLC
Chambersburg PA
CBHW061226050726
47594CB00008B/3820